Johanna Ingrid Preibisch • Alles kommt wieder

Johanna Ingrid Preibisch

Alles kommt wieder

Gedichte

Bibliografische Information der Deutschen Nationalbibliothek
Die Deutsche Nationalbibliothek verzeichnet diese Publikation in der Deutschen Nationalbibliografie; detaillierte bibliografische Daten sind im Internet über http://dnb.d-nb.de abrufbar.

Rheinstraße 46, 12161 Berlin
Telefon: 0 30 / 76 69 99-0
www.frieling.de

ISBN 978-3-8280-3521-8
1. Auflage 2020
Umschlaggestaltung: Michael Beautemps

Printed in Germany

Inhalt

JAHRESZEITEN

Der Winter kommt 8
Frühlingserwachen 9

MEINUNGEN

Es gibt Grenzen … 12
Die Welt wird immer schlimmer 14
Schulende 15
Mensch, Frau! 16
Der Steuermann 17

BEZIEHUNGSWEISEN

Alte Singles 20
Lorelei 2011 21
Einsame Spitze 22
Alles kommt wieder 23

HUMOR

Das Alter kommt 26
Glück im Herbst 29
Meen Schneemann 30
Entgeistert 31
Buttercreme 33
Der Anrufbeantworter 34
Mein Freund Tinnitus 35
Frühlingssehnen 37

FESTE

Bethlehem im Jahre 0 40
Lieba juta Weihnachtsmann, 42

GEMISCHTES
Muße 44
Herrlich! 45
Komische Vögel 46
Atempause 47

KURZ GESAGT

DAMALS
Gut gemeinter Rat einer Mutter 54

DU UND ICH
Ein Jammer! 58
Nur wegen Dir 60
Trotz allem 61

MEIN ERNST
Glücksexperten im Alter 64
BURN-OUT 66
5 nach 12 68

JAHRESZEITEN

Der Winter kommt

Der Herbst sagt Tschüs,
der Winter lauert
des Nachts,
die Luft ist klirrend kalt.
Man fröstelt heftig
und bedauert
das Jahr,
es ist nun auch schon alt.

Die Welt wird blasser,
eher gräulich,
die Dunkelheit
nimmt stetig zu
und – ganz besonders
unerfreulich:
Die Sehnsucht findet keine Ruh.

(JIP 27/10/12)

Frühlingserwachen

Manchmal kommt das Glück ganz leise
Unsichtbar und unbemerkt
Doch auf irgendeine Weise
Fühlt man sich ganz neu gestärkt

Gestern war noch alles offen
Und man träumte dies und das
Heute kann man wieder hoffen
Doch man fragt sich noch nicht was

Das Gefühl ist wie ein Segen
Der sich auf die Seele legt
Und man spürt das neue Leben
Das sich schon im Innern regt

Zuversicht und Freude walten
Sie begleiten unser Tun
Und wir schaffen und gestalten
Lassen alle Ängste ruhn

Man erwartet etwas Schönes
Das man schon sehr lang vermisst
Etwas wirklich Angenehmes
Doch man weiß nicht, was es ist

Eine alte, leise Ahnung
Macht sich schon im Herzen breit
Doch da folgt auch schon die Mahnung
Nein, es ist noch nicht so weit

MEINUNGEN

Es gibt Grenzen …

Die deutsche Teilung ist passé,
zumindest Ost und West.
Heut tut die Armutsgrenze weh,
die sich auch ziehen lässt.

Jeder wählt Wohlstand, wenn er kann,
und hofft ihn zu behalten,
doch viele stehen hintenan,
die Kinder, Kranken, Alten.

Wer keine Arbeit hat, hat's schwer,
es gibt sie nicht für alle.
Ein Job alleine reicht nicht mehr,
selbst Bildung wird zur Falle.

Wer Kinder hat, muss dankbar sein
für jede milde Gabe.
Der Einsame im Altersheim
verlebt dort seine Habe.

Was waren jene Zeiten schön,
als man die Grenzen kannte.
Man war im Osten gern gesehn
als reiche Westverwandte.

Jetzt sieht man, wo man geht und steht,
die traurigen Gestalten.
Für sie kommt jeder Zug zu spät,
es wird auch keiner halten.

Und überall in unserm Land
gibt es nun Phänomene.
Den Alten scheinen sie bekannt,
vor allem ihre Töne.

Die Häme wächst und auch die Wut
auf Arme und Migranten.
Man diskutiert sie bis aufs Blut
und gerne ohne Schranken.

Das Grundgesetz macht alle frei in ihren Existenzen.
Sozialgemeinschaft ist vorbei,
es gibt ja schließlich Grenzen!

(JIP 1/10/10)

Die Welt wird immer schlimmer

Manchmal ist Elend wunderbar,
es öffnet unsere Herzen.
Der Mensch erscheint
und siehe da:
Es leuchten tausend Kerzen.

Wir spenden Trost,
wir spenden Geld,
wie immer aus der Ferne,
weil nahes Elend zu sehr quält.
Das haben wir nicht gerne.

Wir fühlen nach,
wir fühlen mit
und danken wem auch immer,
dass wieder mal ein andrer litt.
Die Welt wird immer schlimmer.

(JIP 24/7/11)

Schulende

Wie schön, dass es die Schule gibt,
da hat man viel zu klagen.
Sie ist bei allen unbeliebt,
man muss nicht lange fragen.

Ob Lehrer, Schüler, ganz egal
es wird sehr viel gelitten.
Das Jammern hört man überall,
die Lösung ist umstritten.

Reformen sind nur dazu da,
den Ärger zu ersticken.
Man bessert hier, man bessert da.
So kann Reform nicht glücken.

Es wird wohl ewig weitergehen,
man träumt von einer Wende.
Im Rückblick war doch vieles schön,
und das ist dann das Ende.

(JIP 25/4/12)

Mensch, Frau!

Ich muss schon sagen, alle Achtung,
es kommt mir vor, als wärst du schlau.
Jedoch bei näherer Betrachtung
kann das kaum sein, bei einer Frau.

Dein Geist erinnert mich an Denker,
die unser Land noch heute ehrt,
Inspiration für große Lenker,
berühmt, gelehrt, bewundernswert.

Wie kannst du dich nur so verstellen,
dass jeder glaubt, du wärst ein Mann.
Dir muss wohl noch der Richt'ge fehlen,
der dir Paroli bieten kann.

Du denkst zu schnell, zu viel und weiter,
als jeder Mann es je versteht.
Mensch, Frau, werd' endlich mal gescheiter,
sonst ist es für dein Glück zu spät.

(JIP 25/10/11)

Der Steuermann

Du bist so asozial und stinkst
nach Geld, das du ins Ausland bringst,
weißt wie man Steuern sparen kann,
du hochgelobter Steuermann

Du zeigt wo's hingeht, lange schon
und schürst die alte Illusion,
dass der Erfolg die Mittel heiligt,
weil man sich nur am Trend beteiligt

Man lauert auf Gesetzeslücken,
die nur die Reichen hoch beglücken
und wenn die Lücke plötzlich fehlt,
dann wird ein andrer Weg gewählt

Kaum einer wird da kontrolliert,
obwohl sich sehr viel Geld verliert,
die Steuerfahnder kann man zählen,
doch nicht die Gelder, die uns fehlen

100 Milliarden, so die Schätzung,
verlieren wir durch die Vernetzung
von Kriminalität und Gier
und für den Schaden zahlen wir

Nicht nur die braven Steuerzahler,
nein, auch die Köche, Bäcker, Maler,
die in der Arbeitslosenschlange stehn
und deren Träume untergehen

(Jojo)

BEZIEHUNGSWEISEN

Alte Singles

Wenn der Eros sichtbar schwindet
und die Libido nichts findet,
was noch zu ersehnen wär,
fällt der Abschied nicht mehr schwer.

Eine Liebe ist vergangen.
Leidenschaft, Lust und Verlangen
sind auf einmal nicht mehr da.
Nur die Trauer geht noch nah.

Ja, nun heißt es schnell vergessen,
lieber mal was Tolles essen
und auch sonst die Welt genießen,
wie es alte Singles müssen.

Und von Weitem das betrachten,
wonach manche Oldies schmachten:
eingeübte Zweisamkeit.
Aber manchen tut sie leid.

(JIP 15/12/12)

Lorelei 2011

Ich weiß nicht, was soll es bedeuten,
er mailt nicht und ruft auch nicht an.
Ich heul schon vor wildfremden Leuten,
und alles nur wegen dem Mann.

Er hat mir so viel schon versprochen
und immer war irgendwer schuld,
hat alle Versprechen gebrochen
und ich hatte ewig Geduld.

Ich weiß nicht, was soll ich noch denken,
er ist schließlich auch nur ein Mann.
Ich will mich nicht weiter verschenken
und ruf ihn jetzt selber mal an.

Mein Lieber, komm nicht mehr zum Essen,
es gibt nämlich gar kein Dessert.
Du kannst mich jetzt richtig vergessen,
ich wein dir auch nicht hinterher.

Ich weiß nicht, was soll es bedeuten,
dass ich so traurig bin.
Ein Märchen aus uralten Zeiten,
und ich krieg das Ende nie hin.

(JIP 26/3/11)

Einsame Spitze

Weißt du, was mich bei dir wundert?
Dass du nie zufrieden bist
Du wirst anerkannt, bewundert
Was dein Wunschtraum war und ist

Keiner kann dir's Wasser reichen
Forderst viel, vor allem Dank
Musst dich immer gleich vergleichen
Widerspruch macht dich fast krank

Du verstehst nichts von Gefühlen
Weil du sie nicht glauben willst
Musst mit den Gefühlen spielen
Damit du dich besser fühlst

Liebe kennst du nur vom Sehen
Und sie irritiert dich sehr
Einen andern zu verstehen
Und zu lieben, fällt dir schwer

Tief im Herzen bist du einsam
Schwach und krank, ein kleines Kind
Doch wir haben was gemeinsam
Weil wir beide Schwestern sind

Auch mit Schwäche kann man leben
Sie stärkt Liebe, Kraft und Mut
Und wer gibt, dem wird gegeben
Werd' mal schwach und mach' es gut!

(JIP 23/6/08)

Alles kommt wieder

Alles kommt im Leben wieder
Nichts ist ein Totalverlust
Auch ein neues Gegenüber
Ist ein altes – unbewusst

Menschen mögen sich zwar trennen
Träume können untergehn
Doch wir wählen, was wir kennen
Was wir glauben zu verstehn

Viele Wege unseres Lebens
Führen uns dahin zurück
Wo wir fröhlich, doch vergebens
Träumten von dem großen Glück

Dieser Ort ist wie zu Hause
Eine Zuflucht und ein Heim
Immer gut für eine Pause
Denn da ist man nie allein

Doch es wiederholt sich alles
Nicht nur das, was uns gefiel
Manchmal mischt sich auch Fatales
In das alte Glücksgefühl

Plötzlich spürt man Groll und Ohnmacht
Hadert mit der ganzen Welt
Hört wie jemand voller Hohn lacht
Über das, was einen quält

Alles kommt im Leben wieder
Doch man ist nicht mehr so klein
Und das neue Gegenüber
Kann es nicht gewesen sein

(JIP 7/10/10)

HUMOR

Das Alter kommt

Das Alter kommt mit Riesenschritten
und ganz von selbst. Man muss nicht bitten.
Manche behaupten, es ist schön.
Ich glaub's noch nicht und werd schon sehn.

Doch erst einmal seh ich mich an
und glaube dann erst recht nicht dran.
Ich seh mich plötzlich, wie ich bin
und schau am liebsten gar nicht hin.

Normalgewicht ist nicht zu kriegen.
Ich konnte mich noch nie besiegen.
Die schlanken Zeiten sind vorbei.
Ich werde nie mehr rollenfrei.

Der Busen schwingt viel mehr beim Laufen.
Ich muss mir dauernd Halter kaufen.
Die Taille finde ich nur schwer.
Ich glaub, ich hab gar keine mehr.

Am meisten stören mich die Falten,
die an so vielen Stellen walten.
Doch manche gehen wieder weg,
befindet sich mehr Fett am Fleck.

Die Haare waren auch mal dichter.
Sie werden grau und sehr viel lichter.
Wenn ich auf wilde Mähne mache,
zeigt sich die Kopfhaut und ich lache.

Die Haut sieht aus wie schwer gegerbt.
Das hab ich nicht etwa geerbt.
Das waren Sonne, Wind und Meer.
Ein Urlaub schadet eben sehr.

Die Augen sind recht klein geworden.
Dafür wachsen meine Nase und Ohren.
Die Füße sind jetzt häufig dick.
Ich wünsch mir meine Pumps zurück!

Die Zähne – ach du lieber Gott!
Viele von denen sind schon Schrott.
aus Gold und Kunststoff, Porzellan.
An manchen ist schon nichts mehr dran.

Das Alter hat mich voll im Griff,
und Teile, auf die ich mal pfiff,
beginnen plötzlich weh zu tun.
Es tut schon weh, sich aus zu ruhn.

Am Morgen ist's besonders schlimm.
Da leg ich mich gleich wieder hin
und träume von der alten Zeit:
Jung, blond und hübsch – und so gescheit.

Jetzt fällt mir manches nicht mehr ein.
Wo kann das bloß gewesen sein,
wo ich's zuletzt gesehen habe?
Wie? Wo? Wer? Was? Und welche Frage?

Wie schön, dass es das Alter gibt.
Man sieht sehr schlecht und ist verliebt
in irgendeinen alten Knacker.
Wie sich herausstellt dennoch Macker.

Der hält einen ständig auf Trab
und schützt so vor dem frühen Grab.
Das heißt, mehr mich, er siecht dahin.
Bin ich froh, dass ich weiblich bin.

Die letzten Jahre ganz gemütlich
und wenn man Glück hat auch noch friedlich.
Das Alter einmal so gesehn,
ist vielleicht dann doch ganz schön.

(JIP 19/3/03)

Glück im Herbst

Wenn im Herbst die Blätter fliegen
landen sie auch hie und da
auf den Haufen, die da liegen,
und bedecken sie sogar.

Kommt ein Mensch herangeschritten,
setzt den Fuß aufs bunte Blatt,
ist er auch schon ausgeglitten,
weil es eine Füllung hat.

Der Geruch ist unerträglich,
handelt es sich doch um Mist,
und das Wischen scheitert kläglich,
weil das Laub auch glitschig ist.

Glück soll es dem Menschen bringen,
sagt man, hat man schon gehört,
doch zunächst, vor allen Dingen,
wird die Wahrnehmung gestört.

Denn man riecht den Mist und Moder
auch im Bus um ihn herum,
und der Mensch, er schämt sich – oder
schaut sich böse forschend um.

(JIP 13/10/13)

Meen Schneemann

Festjefroren in meen Jartn
Steht een Mann aus Schnee jemacht
Ziemich grau vom langn Wartn
Steht a da, ooch inne Nacht

Ach, ick würd ihm so jern rettn
Weil, a sieht so traurich aus
Möcht' ihm uff meen Sofa bettn
Aba denn wär allet aus

So een Mann kamma nich liebm
Jede Wärme bringt ihm um

Bloß 'ne Möhre is jebliebm
Und 'ne Fütze außnrum

(JIP 27/11/07)

Entgeistert

Manchmal kann ich Leute sehn,
die an mir vorübergehn,
aber meistens lauf ich nur
wie auf einer heißen Spur
durch die Massen wie ein Geist,
dessen Geist dabei entgleist

Plötzlich sagt jemand „Hallo!“
Ich erschrecke und bin froh,
nur ein lauter Handy-Mann,
der nicht überholen kann

Und ich laufe durch Geschäfte,
kaufe Stifte, kaufe Hefte
und besteige dann die Treppe,
einer Elektronikkette

Ich versinke in Gedanken,
wie doch manche Leute schwanken,
jeder stellt sich in den Weg
und dann ist es fast zu spät

Vor mir baut sich einer auf,
ich seh den Pistolenlauf,
denk noch, lieber Gott, warum? –
und dann macht es auch schon Bumm

Es hat fürchterlich gekracht,
um mich wurd' es plötzlich Nacht
und ich spürte einen Schmerz,
nicht im Herz, nein, mehr am Sterz

und dann hör' ich jemand sagen
„Sie muss einen Vollschock haben,
warum steht der auch hier rum?
Der bringt wirklich noch wen um!"

Langsam öffne ich die Lider,
ja, der Laden hat mich wieder,
allerdings sitz' ich aschfahl
vor dem Volksmusikregal

Ja, was war da nur passiert?
Niemand hat mich attackiert,
es war nur die blöde Puppe
aus der Star Wars-kriegertruppe

Ein Verkäufer nickt und lacht:
„Die sind wirklich gut gemacht.
Sie sind nicht die Erste hier,
gestern waren's auch schon vier."

Plötzlich kehrt mein Geist zurück,
ich erkenne – welch ein Glück –
die Gelegenheit der Stunde
als ein so geprellter Kunde

Ich verlange freie Wahl
pro Minute meiner Qual,
schaue gierig ins Regal – und –
sag: „Danke, andermal."

(JIP 15/10/10)

Buttercreme

(Erotik im Alter)

Zwei dicke alte Tanten schwanken
Ob sie noch ins Café gehn
Um da Torte satt zu tanken
Reich gefüllt mit Buttercreme

Längst vorbei sind all die Zeiten
Von Diät und Körperwahn
Frauen in den besten Breiten
Sieht man ihre Lüste an

Hager, mager ist nicht günstig
Wenn man in dem Alter ist
Schon bei Frauen über fünfzig
Wird da Lebenslust vermisst

Männer mögen's eher deftig
Mancher gar sein Leben lang
Und die Knochen stören heftig
Wenn man nur sie greifen kann

Zwei dicke alte Herren schwanken
Ob sie noch ins Café gehn?
Da kann man was fürs Auge tanken
Prall gefüllt Buttercreme

(JIP 3/1/10)

Der Anrufbeantworter

Es wäre schön, wenn er das täte
was sein Name suggeriert.
All die Sorgen, Ängste, Nöte
angehört und gut pariert.

Ach, wie gern würd' ich ihm lauschen,
ist sein Tagwerk dann vollbracht,
und ein bisschen mit ihm plauschen,
wie man diese Arbeit macht.

Doch er ist nichts als ein Speicher
dessen, der die Nummer wählt,
der wie oft an Worten reicher
fest auf meinen Rückruf zählt.

Antwort geb' ich meist ins Leere,
keiner hört mir wirklich zu.
Ach, wie wunderbar es wäre,
wär' der AB auch ein Du.

(JIP 20/10/12)

Mein Freund Tinnitus

Bei mir piept's schon ein paar Jahre
Doch ich hab mich dran gewöhnt
Weil ich mir etwas bewahre
Das den Vogel übertönt

Viele Menschen leiden schrecklich
Unter ihrem Tinnitus
Doch der macht erst etwas möglich
Was so mancher lernen muss

Wählen, weghörn, Müll vermeiden
Der in unsre Ohren dringt
Und doch aufmerksam zu bleiben
Für den Vogel, der schön singt

Mein Tinnitus zeigt mir tagtäglich
Was und wie viel richtig ist
Denn ich selbst versage kläglich
Beim Vermeiden von viel Mist

Neuerdings wird er noch schriller
Wenn mich jemand richtig stresst
Und dann frag ich mich: Was will er?
Und erspare mir den Rest

Freunde raten zur Behandlung
Es gibt neue Therapien
Doch ich scheue die Verwandlung
In die Zeiten ohne ihn

Denn ich kann mich gut entsinnen
Früher ließ ich viel herein
War der ganze Mist erst innen
War es meiner ganz allein

Nein, mein Tinnitus beschützt mich
Ist mir wie ein lieber Freund
Und dazu noch äußerst nützlich
Weil er mich zu kennen scheint

Endlos labern, Ohr abkauen,
All das muss jetzt nicht mehr sein
Tinnitus kann ich vertrauen
Der sagt sofort ganz schrill Nein!

(JIP 11/8/10)

Frühlingssehnen

Ach, Waldemar
Der Lenz ist nah
Und du nicht zu erreichen
Mir ist so herrlich sonderbar
Ein Sehnen ohnegleichen

Ich möchte dich
Im Grase sehn
Die kleinen Blüten pflücken
Denn keine kann dir widerstehn
Und alle Blümchen nicken

Ach, Waldemar
Vor einem Jahr
Da war ich deine Beste
Mit einem Blumenkranz im Haar
Auf deinem Jubelfeste

Und als das erste Blümchen stank
Da war ich schon im Bilde
Du sagtest einfach: „Vielen Dank,
Ich liebe jetzt die Hilde“

(JIP 30/3/10)

FESTE

Bethlehem im Jahre 0

Wer stolpert so spät noch durch Nacht und Wind?
Maria und Josef, sie kriegen ein Kind
Der Josef wird Vater, obwohl er's nicht war
Maria behauptet, ein Engel war da

Er machte ihr klar, dieses Kind ist von Gott
Das sorgte in Nazareth für Hohn und Spott
Doch heute weiß wohl auch dort jedes Kind
Dass Kinder schon immer ein Gottesgeschenk sind

In Bethlehem drängt es, sie brauchen ein Bett
Spätabends noch betteln, da ist keiner nett
Am Ende bekommen sie nur einen Stall
Na, besser als gar nichts für so einen Fall

Vom Ochsen und Esel und Josef bewacht
Hat Maria den Kleinen zur Welt gebracht
Jesus, der kommt, wie's geschrieben stand
Das sprach sich schnell rum bis ins Morgenland

Dort ahnten drei Könige von dem Geschehn
Sie hatten vor Kurzem den Stern gesehn
Sie brachen auf und folgten ihm schnell
Der führte sie hin, denn er war ziemlich hell

Die Geschenke konnten das Kind nicht erfreun
Dafür war es wirklich noch viel zu klein
Aber Josef erkannte sofort ihren Wert
Und dachte, so ein Polster ist nie verkehrt

Mit Weihrauch und Myrrhe und Gold im Gepäck
Da fällt diese elende Sucherei weg
Nun kommen wir sicher auch schnell und bequem
Zur Zählung des Volks nach Jerusalem

All die Hirten im Felde haben gedöst
Da sprach eine Stimme: „Ihr werdet erlöst,
Von einem König, der heute geborn!“
Sie hatten schon fast ihren Glauben verlorn

Nun eilten sie schnell zurück in die Stadt
Und fragten dort nach, wer ein Baby hat
Vor dem Stall traf sich bald eine ganz große Schar
Von Hirten, die sangen: „Der Erlöser ist da!“

Das Kind in der Krippe schlief schon ganz still
Der Josef, der hatte ein stolzes Gefühl
Der Ochs und der Esel lagen im Stroh
Maria, die Mutter, war nur noch heilfroh

Lauferei, dann Geburt, dann der viele Besuch
Mutter sein ist zwar schön, aber manchmal auch Fluch
Maria war müde, die Augen schon zu
Bald schliefen sie alle in himmlischer Ruh

(JIP 21/12/07)

Lieba juta Weihnachtsmann,

Kiek mir nich so böse an
Ick hab wirklich nischt jemacht
Plötzlich hattet laut jekracht
Un der Baum lag uff 'n Teppich
Der wa eh schon janz schön fleckich
Mit so 'n Musta und een Rand
Nu is noch eens rinjebrannt
Ooch Jardinen sin wo brennba
Unsre wa eh kaum akennba
Un uff eema janz schnell weg
Bloß noch jroßa schwarza Fleck
Und et schöne neue Sofa
Hat jekokelt, wat ooch doof wa
Weil die janze Räuchaschwärze
Weeßt schon, wie bei eene Kerze
An die weiße Decke schwebte
Un denn übaall da klebte
Gloob mir, ick hab Angst jekricht
Weil, uff eema jab's keen Licht
Löschn hat ooch nischt jenuützt
Et hat bloß janz doll jeblitzt
Un der Hansi flog vom Stengl
Is jetz ooch schon bei die Engl
Da bin ick denn rausjerannt
Ick hab wirklich nischt jemacht
Bloß eema janz laut jelacht
Wo ick die Sirenen hörte
Wat die Nachbarn ziemich störte
Ick hab an meen Wunsch jedacht
Weeßt schon, den mit „Schrille Nacht“

(JIP 21/12/09)

GEMISCHTES

Muße

Mein Herz ist voll, mein Kopf ist leer
Ich denke heute gar nichts mehr
Und lass mich von Gefühlen treiben
Die sowieso nicht lange bleiben

Es ist schön, sich Zeit zu nehmen
Sich einfach nur zurückzulehnen
Und diese Freude zu genießen
Endlich einmal nichts zu müssen

Da wird der Tag zu einem Fest
Das sich so nicht beschreiben lässt
Und ganz bestimmt auch nicht erzählen
Es würde andre furchtbar quälen

Man hält heut nicht mehr viel von Muße
Im Urlaub tut man eher Buße
Oder sucht den Rest des Lebens
– Irgendwo und meist vergebens

Muße, das heißt nichts zu müssen
Und dabei genau zu wissen
Was man für sich selber will:
ein zufriedenes Gefühl

(JIP 12/7/10)

Herrlich!

Wenn der Mensch nicht mehr ganz jung ist
und schon viel Erfahrung hat,
er nicht ständig auf dem Sprung ist,
oftmals müdc odcr matt,
auf der Parkbank still verweilend,
nicht mehr durch sein Leben eilend
seinem Kopf die Freiheit schenkt
und gekonnt an nichts mehr denkt,
steht die Zeit beinahe still.
Welch ein herrliches Gefühl!

(JIP 28/10/12)

Komische Vögel

(Gruppenzwang)

Wer schon als Kind die Gruppe zwang
Zu machen was er will
Der träumt danach ein Leben lang
Von diesem Machtgefühl

Er hält an seiner Gruppe fest
Verteidigt sie nach außen
Und wer sich nicht belehren lässt
Bleibt dabei lieber draußen

Die Hierarchie wird anerkannt
Stillschweigend akzeptiert
Wer dennoch kämpft, ist hirnverbrannt
Und sehr schnell isoliert

Im Innern räumt man häufig auf
Legt neue Regeln fest
Der Gruppenzwang nimmt seinen Lauf
Getarnt als weiches Nest

So mancher, der sich nicht dran hält
Wird gnadenlos gemieden
Bis er vom Rand ins Freie fällt
Und merkt, er kann doch fliegen

(JIP 23/8/10)

Atempause

Ich liebe es, allein zu sein,
mit mir und meinen Träumen,
den ganzen Tag daheim zu sein
und gar nichts zu versäumen

Ich brauche diese kleine Welt,
mein eigenes Zuhause,
wo nur noch meine Freiheit zählt,
für eine Atempause

Es regnet und es ist ganz grau,
doch ich fühl mich geborgen,
mach Kerzen an und weiß genau,
die Arbeit mach ich morgen

Ich lehne mich entspannt zurück
und träume mir ein Wunder,
von Liebe und von großem Glück,
und geh im Sofa unter

(JIP 16/10/10)

KURZ GESAGT

Die Leute googeln allzu gern
Sie googeln sich ums Leben
Und niemand kennt des Googles Kern
Den hat's schon oft gegeben

(JIP 1/2/09)

Der Hass ist wie ein Bumerang
Er fliegt in weitem Bogen
Und kommt am Ende wieder an
Von wo aus er geflogen

(JIP 15/8/10)

Wer eine Leiter früh erklimmt,
doch ihren Standort nicht bestimmt,
muss sich nicht wundern, wenn er endet,
wo er nur sein Talent verschwendet.

Wo die Vernunft sich so beschränkt,
dass man zuerst ans Kriegen denkt,
kann man sie zwar im Kopf behalten,
aber im Leben nicht gestalten.

(JIP 10/3/12)

DAMALS

Gut gemeinter Rat einer Mutter

(in den 60er-Jahren, an ihre Tochter)

Sei klein, sei lieb,
lass dich beschützen.
So kriegst du einen guten Mann.
Lass dich erobern
und besitzen,
und fang erst dann
zu denken an.

Was nützt dir all
dein kluges Reden,
wenn jeder Mann dich sitzen lässt?
Männer sind klug
und stark –
von wegen!
Für dich bleibt nur
der letzte Rest.

Entferne dich
von deinen Träumen
und lass dich auf
die Wahrheit ein,
sonst wirst du sehr viel
Zeit versäumen
und immer nur
alleine sein.

Denk nicht zu viel
und nur im Stillen,
sonst eckst du überall nur an.
Ein Mann besteht
auf seinem Willen
und schafft sich sonst
die Nächste an.

Du kannst dich noch
so sehr bemühen,
ihm eine gute Frau zu sein.
Das Denken wird dir
nicht verziehen,
Er möchte selbst
der Denker sein.

DU UND ICH

Ein Jammer!

Wenn du glaubst,
dir geht es schlecht
und die Welt
ist ungerecht,
schau dir mal
im Fernsehn an,
was man alles
haben kann;
nicht an Geld
und an schönen Sachen,
die dir so viel
Freude machen,
sondern Krankheit,
Leid und Tod,
Menschen in realer Not.

Wenn du dann
noch immer jammerst,
dich an deine
Wünsche klammerst
und die Glücklichen
beneidest,
ist es richtig,
dass du leidest,
bis du endlich
wieder weißt,
was du so
wohl nie begreifst.

Du hast einfach
viel zu viel
und verlangst noch
Mitgefühl.

Denn du fühlst
dich schon erbärmlich,
hältst dein Leben
gar für ärmlich,
wenn du keine
Reisen planst
oder nichts mehr
kaufen kannst.
Alles, was dir
wirklich fehlt,
gibt es leider
nicht für Geld,
deshalb ist es
dir nichts wert.
Lieber Freund,
du lebst verkehrt.

(JIP 1/11/11)

Nur wegen Dir

Nur wegen Dir hab' ich's geschafft
Und meinen Weg gefunden
Dein Vertrauen gab mir Kraft
Die Ängste sind verschwunden

Nur wegen Dir nie mehr allein
Nicht einsam und verlassen
Das muss die wahre Liebe sein
Ich kann mein Glück kaum fassen

Nur wegen Dir bin ich am Ziel
Ich hab' mich selbst gefunden
Und bleib Dir ewig – so Gott will –
In Liebe fest verbunden

Nur wegen Dir gibt es ein Wir
Und darauf kann ich bauen
Ich liebe Dich und danke Dir
Du konntest mir vertrauen

Nur wegen Dir bin ich noch hier
Und freue mich des Lebens
Die lange Suche nach dem Wir
War schön und nicht vergebens

Trotz allem

Du weißt doch, wie das immer ist
Die Seele trauert und vermisst
Die Liebe schläft allmählich ein
So war es und so wird es sein

Was war, war wunderbar und schön
Du wirst es nie mehr anders sehn
Die Zeit verklärt den Blick zurück
Die Seele sehnt sich nach dem Glück

Das Glück erwacht und stellt sich ein
Es muss kein riesengroßes sein
Die Liebe regt sich schon im Herzen
Und weckt ein letztes Mal die Schmerzen

Die leise Angst vor dem Verlust
Wird dir noch einmal kurz bewusst
Trotz allem lässt du dich neu ein
Du möchtest wieder glücklich sein

Die Liebe bricht sich ihre Bahn
Und kommt beim Gegenüber an
Die Welt ist bunt, das Leben schön
Der Schmerz sagt still Auf Wiedersehn

JIP (31/12/08)

MEIN ERNST

Glücksexperten im Alter

Das Alter hat auch mich erreicht.
Man sieht sich täglich und vergleicht
Symptome, Werte und Tendenzen
und diskutiert die Konsequenzen.

Ich bin umzingelt von den Alten,
die sich für unkaputtbar halten,
als selbst ernannte Glücksexperten
auch jeden Beitrag sofort werten.

Und jeder hat etwas zu sagen,
an Krankheitsfällen beizutragen,
und glaubt für sich doch gern daran,
dass er/sie sich davor schützen kann.

Der eine redet von Ernährung,
von Fleischverzicht und Glücksvermehrung,
der andere treibt fast jeden Sport
und brüstet sich in einem fort.

Und allen ist ein Ziel gemeinsam:
nicht leiden müssen und nie einsam,
obwohl doch alle eines wissen,
dass sie todsicher gehen müssen.

Ich fühl' mich wie im Netz gefangen
und spüre mächtig ein Verlangen,
mich frei zu machen von den Zwängen,
in denen viele Alte hängen.

Nein, ich muss **nicht** mein Bestes geben,
um lang genug zu überleben.
Die Freiheit ist und bleibt mir wichtig
und als Rezept für mich ganz richtig.

(JIP 4/3/13)

BURN-OUT

So mancher fühlt sich ausgebrannt,
vermisst sein altes Feuer
und leidet unter allerhand.
Das bremst ihn ungeheuer.

Fast immer scheint die Arbeit schuld,
der Stress und die Kollegen.
Es mangelt vielen an Geduld
und Mitgefühl? – Von wegen!

Ist man zudem noch abgebrannt
und kann sich wenig leisten,
wird man als Loser-Typ erkannt.
Den meiden hier die meisten.

Und ist man erst mal ganz allein,
wird Fallen unausweichlich.
Man fühlt sich schon sehr bald sehr klein,
denn Helfer gibt es reichlich.

Der alte Status ist dahin –
man ist nie wieder tüchtig.
Die Helfer ernten den Gewinn,
denn das Syndrom macht süchtig.

Sie leben von der Macht durch Kraft
und brauchen viele Opfer,
denn Macht ist ihre Leidenschaft,
wie die der Sprücheklopfer.

Am Ende will man nur noch weg
und hofft auf neues Leben.
Doch leider geht man mit Gepäck
ins gleiche Dorf daneben.

(JIP 24/2/12)

5 nach 12

Der Himmel blüht, Raketen steigen
Berlin begrüßt das neue Jahr
Die Schönheit lässt die Massen schweigen
Wird alles bleiben, wie es war?

Im Gazastreifen hört man's pfeifen
Ein dumpfer Schlag und dann ein Knall
Kaum einer kann den Sinn begreifen
Und alle haben keine Wahl

Für Menschen, die den Krieg nicht kennen
Ist Feuerwerk vielleicht ein Glück
Die Alten können es nicht trennen
Und denken jedes Mal zurück

Das neue Jahr beginnt mit Schrecken
Mit Bomben, Tod und Höllenqual
Wie viele werden dort verrecken
im Großgefängnis ohne Wahl?

Die Lebensmittel gehn zur Neige
Die Krankenhäuser geben auf
Ich sehe es entsetzt und schweige
Und schalte alles einfach aus

(JIP 1/1/09)